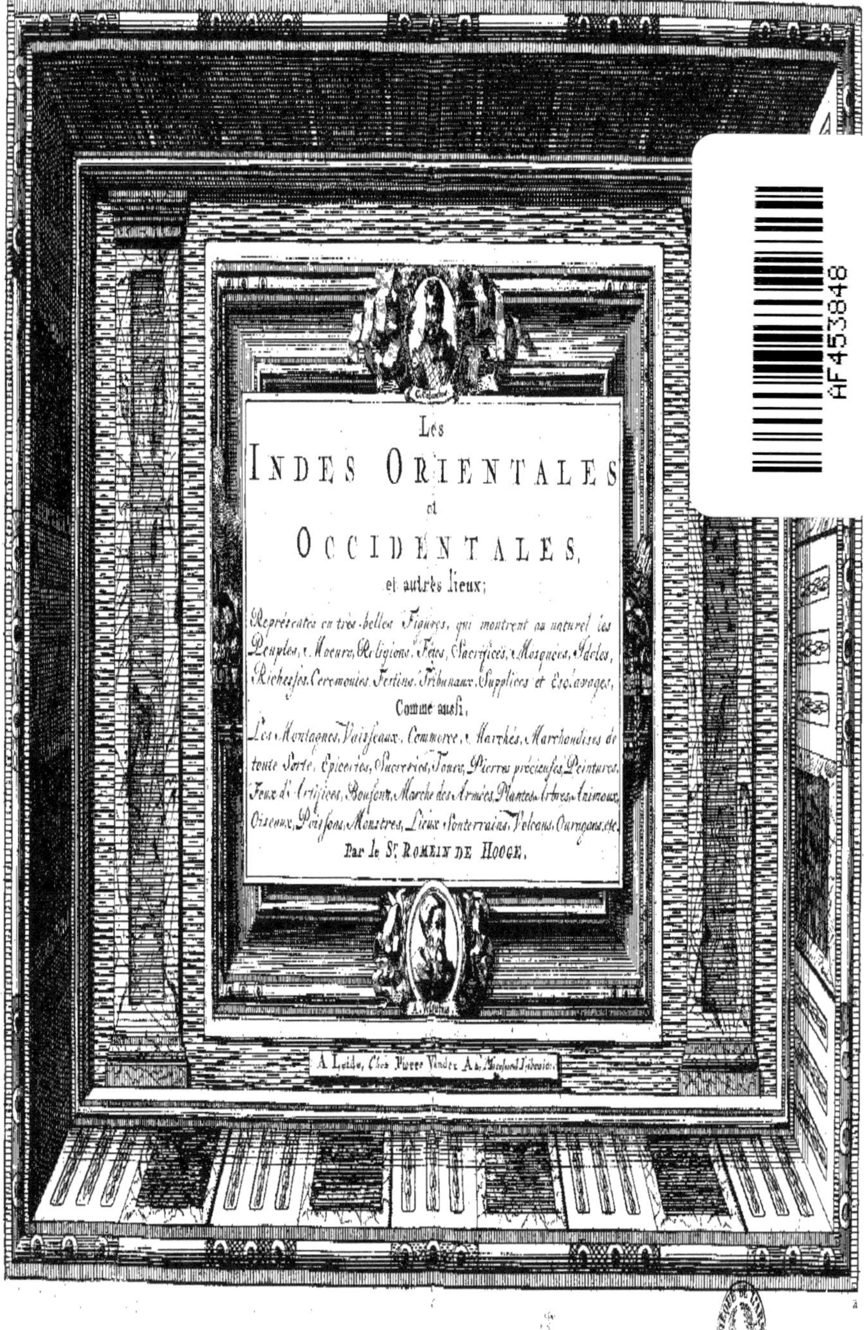

Les
INDES ORIENTALES
et
OCCIDENTALES,
et autres lieux;
Représentées en très-belles Figures, qui montrent au naturel les
Peuples, Moeurs, Religions, Fêtes, Sacrifices, Mosquées, Idoles,
Richesses, Ceremonies, Festins, Tribunaux, Supplices et Esclavages,
Comme aussi,
Les Montagnes, Vaisseaux, Commerce, Marchés, Marchandises de
toute Sorte, Epiceries, Sucreries, Tours, Pierres précieuses, Peintures,
Feux d'Artifices, Bouffons, Marche des Armées, Plantes, Arbres, Animaux,
Oiseaux, Poissons, Monstres, Lieux Souterrains, Volcans, Ouragans, etc.
Par le Sr. ROMEIN DE HOOGE.
A Leide, Chez Pierre Vander Aa, Marchand Libraire.

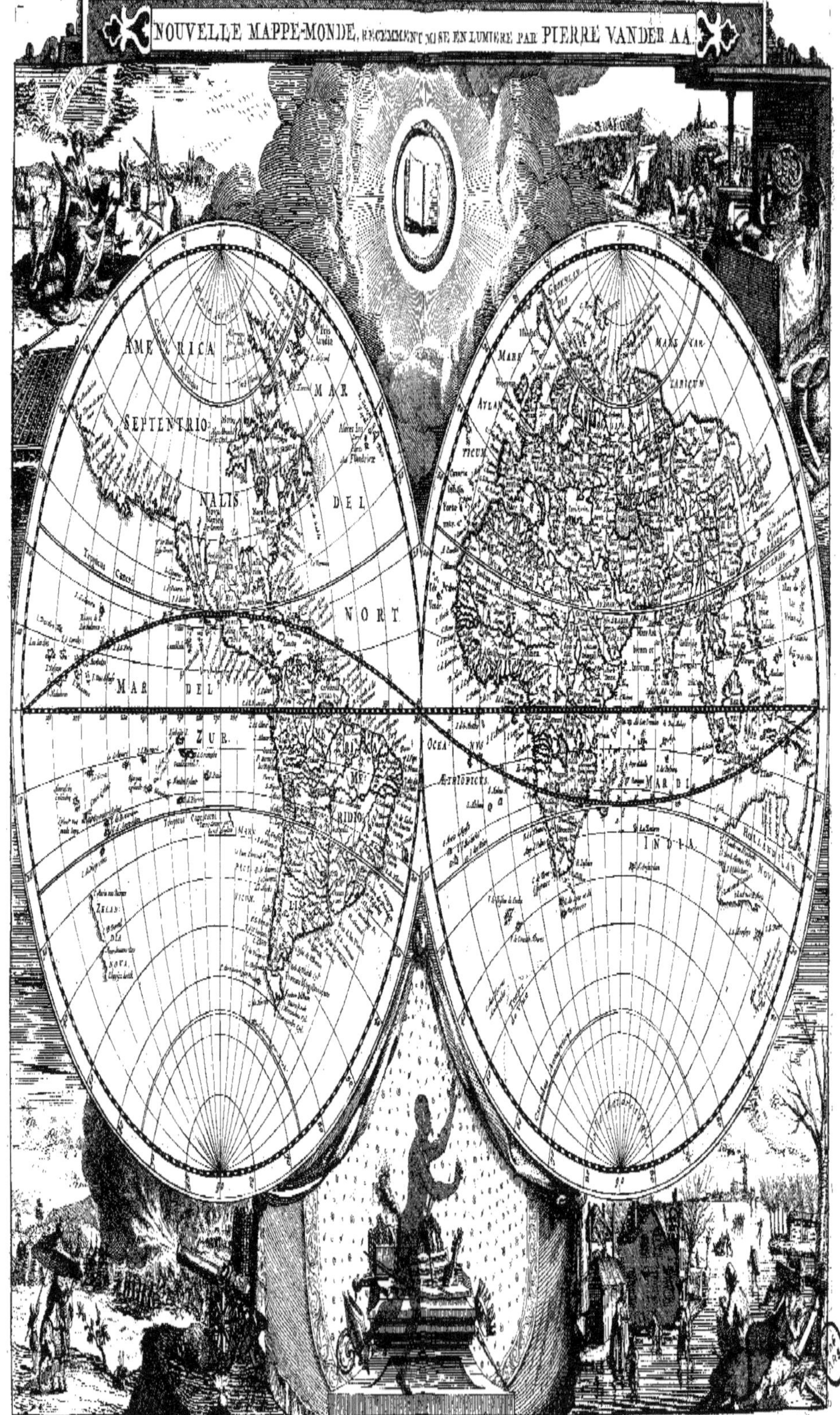

NOUVELLE MAPPE-MONDE, RECEMMENT MISE EN LUMIERE PAR PIERRE VANDER AA.
AMERICA
SEPTENTRIO
NALIS
MAR DEL NORT
MAR DEL ZUR
AMERICA MERIDIONALIS
MARE PACIFICUM
OCEANUS AETHIOPICUS
INDIA
HOLLANDIA NOVA
ZELANDIA NOVA

L'EUROPE.
Suivant les
Nouvelles Observations
de
Messrs de l'Academie Royale
des Sciences, etc.
Augmentées de Nouveau.
A LEYDE chez
PIERRE VANDER AA
Avec Privilege.
ISLANDE
MER GLACIALE
OCEAN
MER DU NORD
ANGLETERRE
ALLEMAGNE
POLOGNE
FRANCE
ESPAGNE
TURQUIE D'EUROPE
MER NOIRE
MEDITERRANEE
NATOLIE ou ASIE MINEURE
TURQUIE D'ASIE
PERSE
ARMENIE
CIRCASSIE
KURDISTAN
DIARBECK
ARABIE DESERTE
ARABIE PETREE
ROYAUME D'ALGER
BARBARIE
Desert de Messila
AFRIQUE
ISLES CANARIES

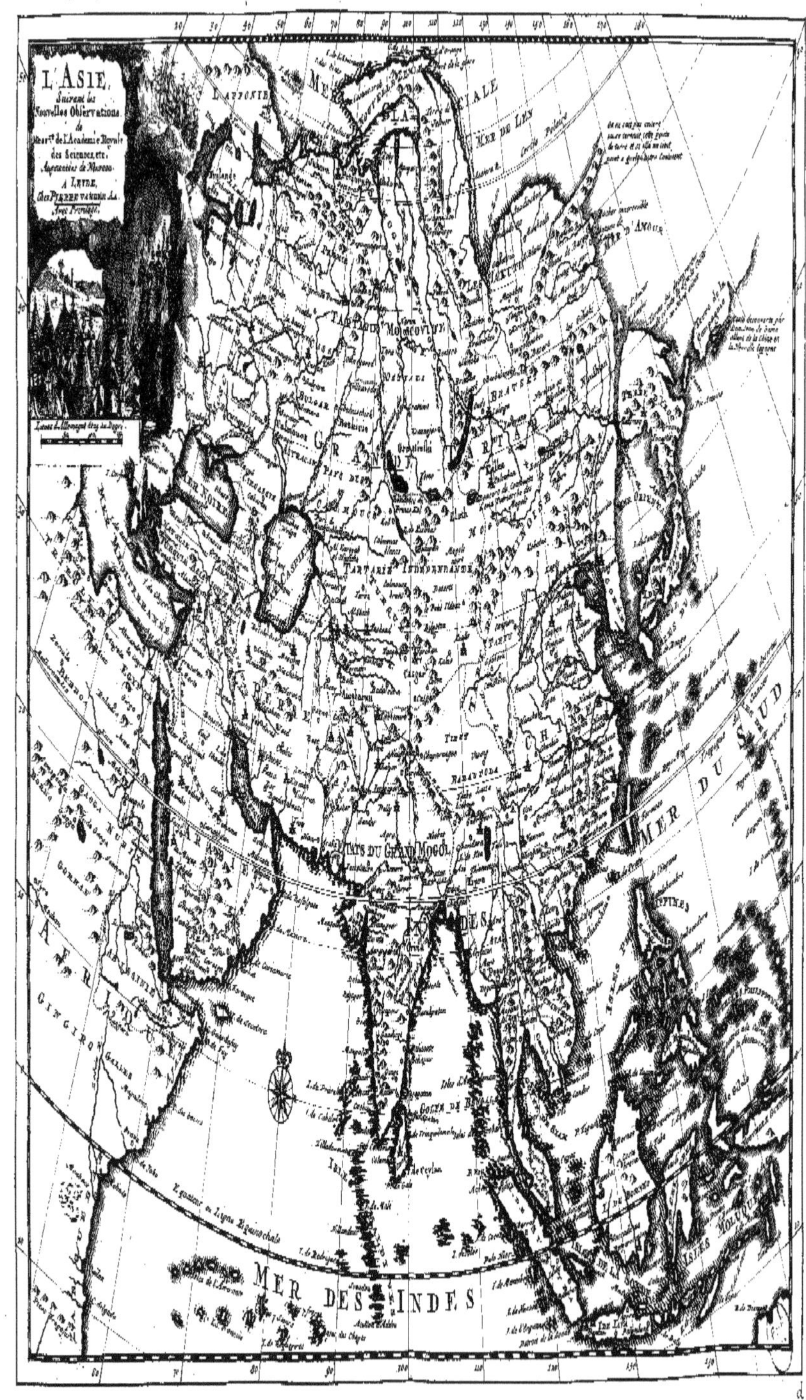

L'ASIE,
Suivant les
Nouvelles Observations.
de
Mess.rs de l'Academie Royale
des Sciences, etc.
Augmentées de Nouveau.
A LEYDE,
Chez PIERRE vander Aa.
Avec Privilege.
LAPPONIE
MER GLACIALE
MER DE LENA
MER D'AMOUR
TABLE DU MOSCOVIE
GRANDE TARTARIE
TARTARIE INDEPENDANTE
MER CASPIENE
CHINE
ESTATS DU GRAND MOGOL
MER DU SUD
AFRIQUE
GINGIRON GALLA
GOLFE DE BENGALE
Isle de Ceylan
ISLES MOLUQUES
MER DES INDES

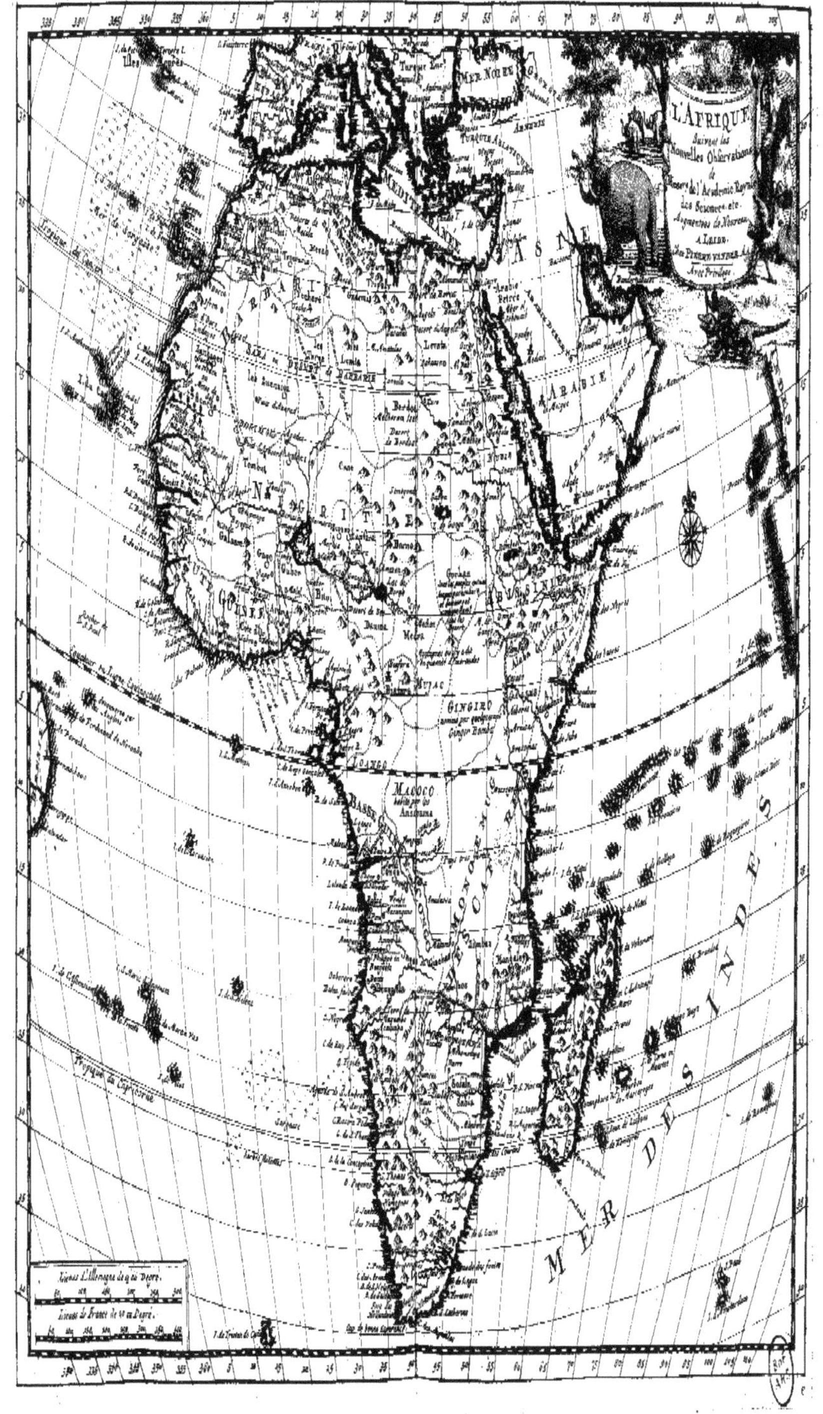

L'AFRIQUE
Suivant les Nouvelles Observations
de
Messieurs de l'Académie Royale
des Sciences, etc.
Augmentées de Nouveau.
A Leide
Par PIERRE VAN DER AA
Avec Privilege
MER NOIRE
ASIE
ARABIE
MER MEDITERRANEE
NIGRITIE
GUINEE
ABISSINIE
GINGIRO
nommé par quelques uns
Ginger Hand.
MACOCO
habité par les
Anziqua
MONOMOTAPA
MER DES INDES
Tropique du Cancer
Equateur ou Ligne Equinoctiale
Tropique du Capricorne
Lignes d'Allemagne de 15 au Degré.
Lieues de France de 20 au Degré.

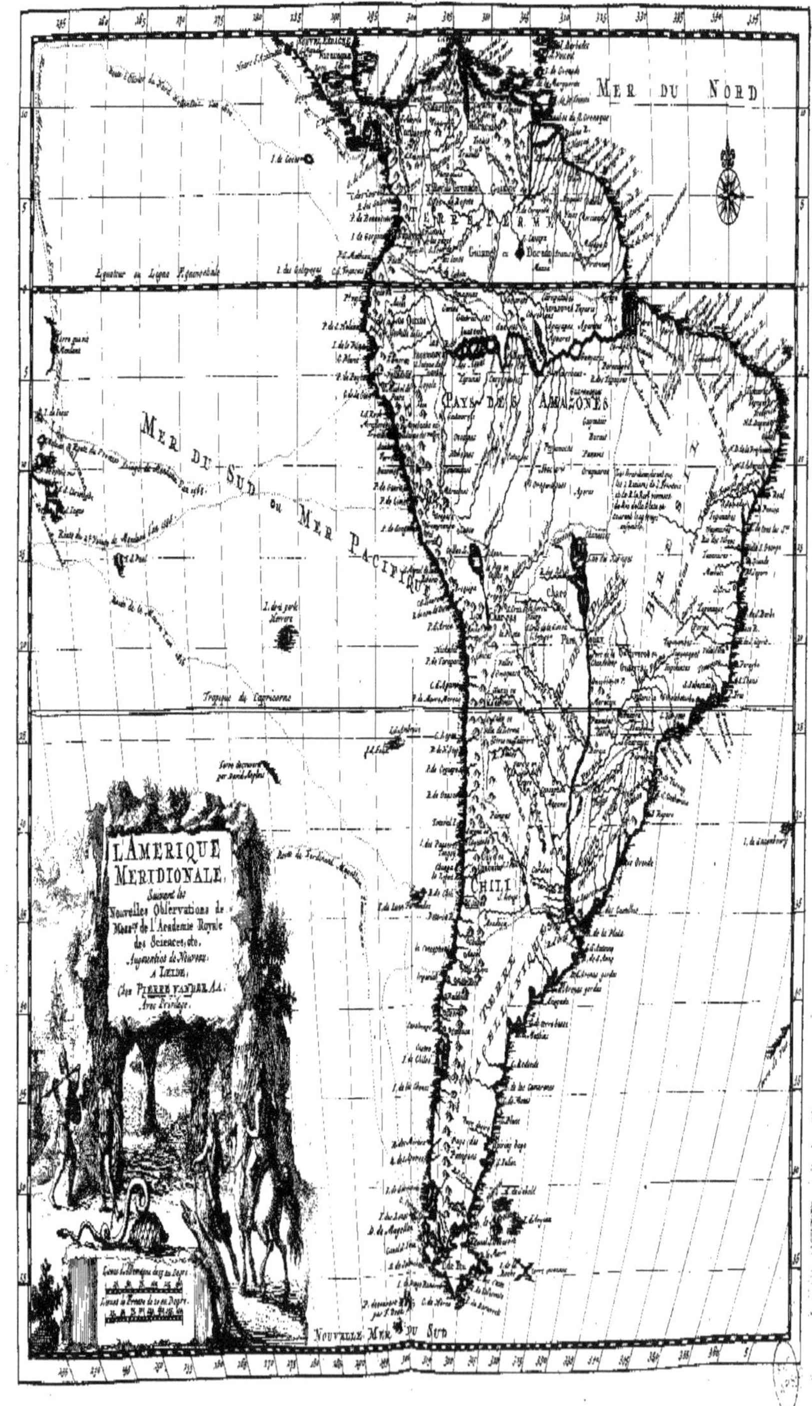

MER DU NORD
MER DU SUD ou MER PACIFIQUE
PAYS DES AMAZONES
TERRE FIRME
CHILI
Equateur ou Ligne Equinoctiale
Tropique du Capricorne
NOUVELLE MER DU SUD
L'AMERIQUE
MERIDIONALE
Suivant les
Nouvelles Observations de
Mess.rs de l'Academie Royale
des Sciences, etc.
Augmentée de Nouveau
A LEIDE
Chez PIERRE VAN DER AA
Avec Privilege

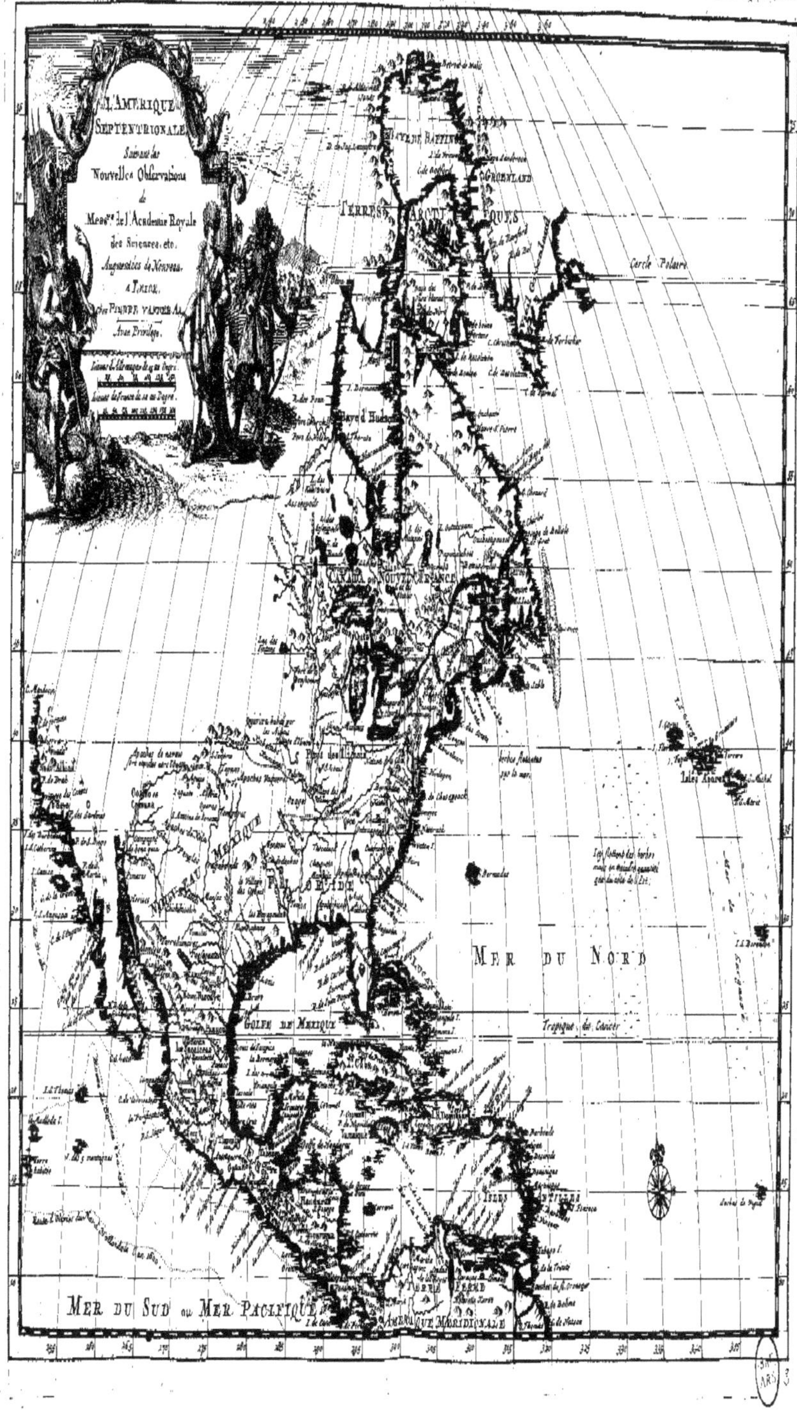

L'AMERIQUE SEPTENTRIONALE
Suivant les Nouvelles Observations
de
Messrs. de l'Académie Royale
des Sciences, etc.
Augmentées de Nouveau,
à Paris,
chez PIERRE VANDER AA
Avec Privilège.
GROENLAND
BAYE DE BAFFINS
TERRES ARCTIQUES
Cercle Polaire
Baye de Hudson
CANADA ou NOUVELLE FRANCE
Isles Açores
NOUVEAU MEXIQUE
FLORIDE
MER DU NORD
GOLFE DE MEXIQUE
Tropique de Cancer
ISLES ANTILLES
MER DU SUD ou MER PACIFIQUE
AMERIQUE MERIDIONALE

à Leide Chez Pierre vander Aa.

1. Thomas Roe, Ambass. Anglois. 2. Presens d'or. 3. Cheval de selle du Grand Mogol. 4. Tentes des Gentils
hommes. 5. Tente du Grand Mogol. 6. Balances d'or. 7. Le Grand Mogol pesé. 8. Sa Cour.
1. Thomas Roe Amb. 2. Giften van gout. 3. Mogols Ryperart. 4. Tenten der Edelieden. 5. Mogols Tent.
6. goude Weegschael. 7. Mogol die gewogen wert. 8. Syn Hof.
1. Comment on eprouve les Diamans. 2. Lieu d'ou l'on les tire. 3. Ceux qui tirent et taillent les Diamans.
4. Mains des Ouvriers. 5. Prêtres. 6. Idoles. 7. Entrée de la mine. 8. Marchands.
1. Besichtiging der Diamanten. 2. Diamanten Kuil. 3. Diamant gravers en Werkers. 4. Baden der Werkers.
5. Priesters. 6. Afgodt. 7. Ingang vant Kuil. 8. Koophuy.
Celebration du jour de naissance du Grand Mogol, etc.
a Leide, Chez Pierre vander Aa.
Mine de Diamans, aux Indes Orientales.

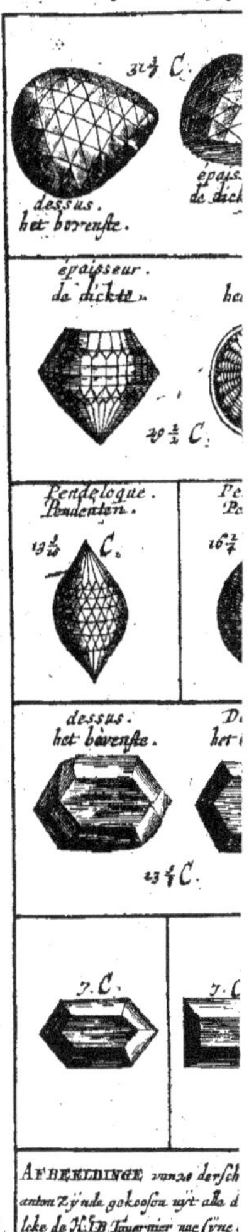

choisis entre tous ceux que le
ou il a fait six voyag

32 ¾ C.
dessus.
het borrenste.
epais.
de dick

epaisseur.
de dickte.
he
29 ½ C.

Pendeloque.
Pendenten.
19 ⅖ C.
Pe
Pe
16 ¼

dessus.
het bovenste.
D
het
23 ⅛ C.

7. C.
7. C.

AFBEELDINGE van de dersch
anten zijnde gekoosen uyt alle d
lcke de H. I.B. Tavernier nae syne
komste uyt de Indien voorgevalle
1668. nae dat hy aldaer 6. maelt
hadde aen de Koningh v Vranckr
kaght en daeromme soo wel als ons
gesoyde Tavernier aen den staet
heeft hem syn Majesteyt de quali
Le Diamant cotte A. est net
extraordinairement

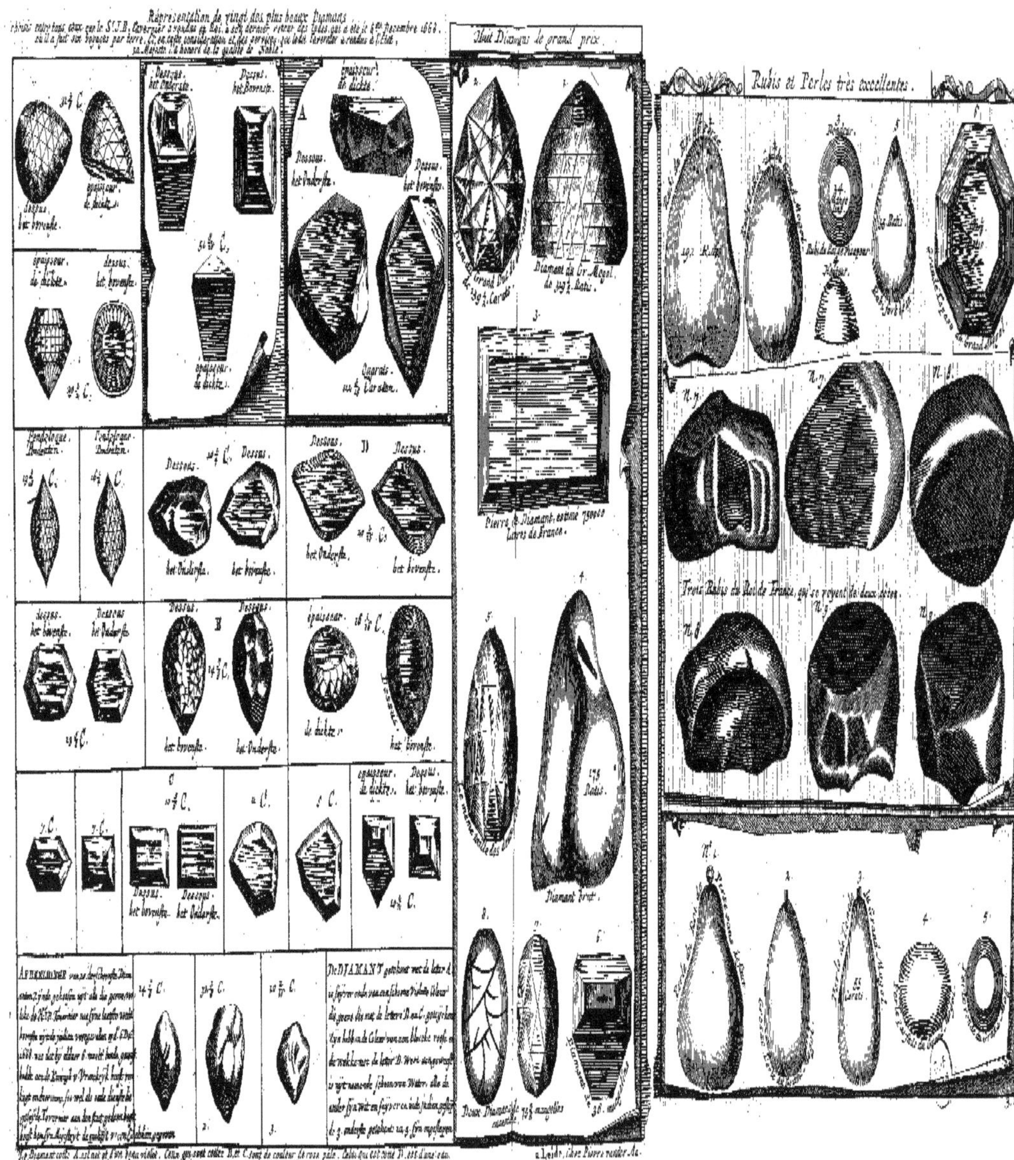

Représentation de vingt des plus beaux Diamants
Huit Desseins de grand prix
Rubis et Perles très excellentes.

1.Crocodile. 2.Gros serpent. 3.Serpent à lunettes. 4.Chameleon. 5.Leguan. 6.Serpent cornu. 7.Rhinoceret. 8.Elephant. 9.Lion et Lionne. 10.Cheval marin. 11.Layaert. 12.Comment on prend les Tigres. 13.Chameaux et Dromadaires.
14.Boeuf de Madagascar. 15.Chasse de Cerfs avec des Tigres. 16.Comment on prend les Autruches. 17.et les Lions. 18.Poisson volant. 19.Singe et Chat volans. 20.Fort sur le Cap entre la Montagne de la Table et celle des Lions. 21.Mille pieds.
1.Crocodil. 2.Groote slangen. 3.Bril slang. 4.Chameleon. 5.Leguaen. 6.Koaraslange. 7.Rynoceros. 8.Olifant. 9.Leeuw en Leeuwin. 10.Water paert. 11.Layaert. 12.Tyger vangst. 13.Cameelen en Cameel paerden. 14.Madagascarse Os. 15.Hartsjacht met Tygers. 16.Struissen vangst. 17.Leeuwen vangst. 18.Vliegende Vish. 19.Vliegende Aep en kat. 20.Fort op de Caep tussen de Tafel en Leeuwen burg an duysent baen.
Asiatische en Afrikaense Dieren.
Animaux d'Asie et d'Afrique.

a Leide, Chez Pierre vander Aa.

à Leide, Chez Pierre vander Aa.

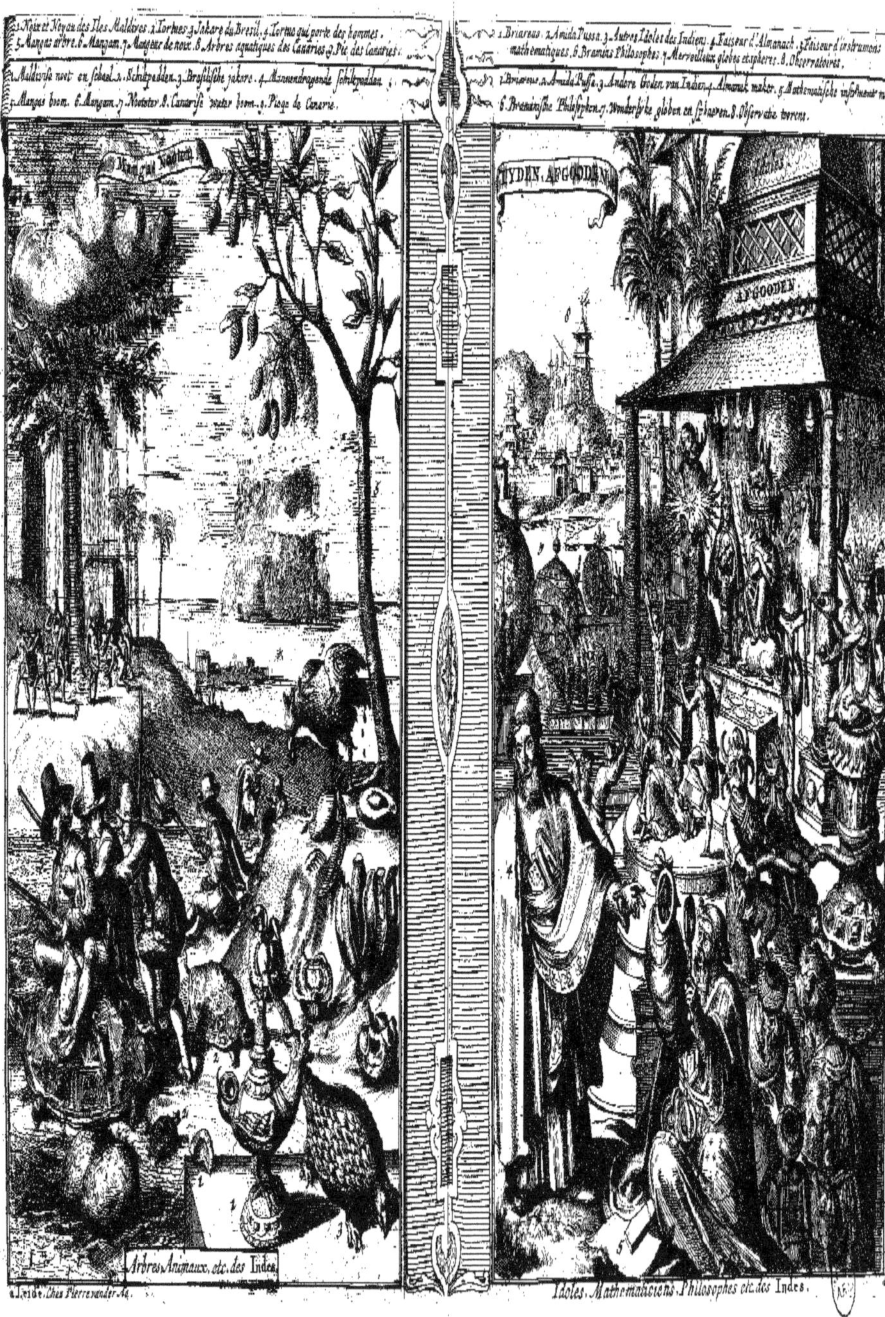

1. Noix et Noyau des Iles Maldives. 2. Tortues 3. Jakare du Bresil. 4. Tortue qui porte des hommes.
5. Mangas arbre. 6. Mangam. 7. Mangeur de noix. 8. Arbres aquatiques des Canaries 9. Pie des Canaries.
1. Maldivise noot en schael. 2. Schildpadden. 3. Brasilische jakare. 4. Mannendragende schildpadden.
5. Mangas boom. 6. Mangam. 7. Nooteter 8. Canarise water boom. 9. Piega de Canarie.
1. Briareus. 2. Amida Pussa. 3. Autres Idoles des Indiens. 4. Faiseur d'Almanach. 5. Faiseur d'instrumens
mathematiques. 6. Bramins Philosophes. 7. Merveilleux globes et spheres. 8. Observatoires.
1. Briareus. 2. Amida Pussa. 3. Andere Goden van Indien. 4. Almanak maker. 5. Mathematische instrument maker.
6. Bramansche Philosophen. 7. Wonderlyke globen en sphaeren. 8. Observatie torens.
Mangas Naatval
TYDEN. AFGODEN
AFGODEN
Arbres, Animaux, etc. des Indes.
à Leide. Chez Pierre van der Aa.
Idoles. Mathematiciens. Philosophes etc. des Indes.

Fig. 1. Peperboom. Fig. 2. en 3. Nagel boom met zya bloem.
Fig. 4. Kaneel boom.
Fig. 5. Nooten Muscaat boom.
Fig. 6. Wonder Cruydt Caalo
Fig. 7. Indiaensche Vygen.
Fig. 8. Veel boomigen Vygen boom.
Fig. 9. Graf Capel van een Indiaans Heylig onder dese Boom.
Fig. 10. Indiaanse Vyge Boom.
Plantes des Indes, etc.
1. Poivrier.
2. et 3. Girofle avec sa fleur.
4. Arbre de Canelle.
5. Muscadier.
6. Caalo, herbe merveilleuse.
7. Figues des Indes.
8. Figuier qui provigne.
9. Dessous lequel est le tombeau d'un saint Indien.
10. Figuier des Indes.
INDIANSCHE KRUYDEN
à Leide, chez Pierre vander Aa.

Canelle, Muscade, Chasse des Eléphans, etc.

Girofle, Bambous, Montagne brulante, etc.

à Leide, chez Pierre vander Aa.

Fig: 1. Vrught en boom Mangam.
Fig: 2. Wasdom en entingh der Manga.
Fig: 3. Gewas en boom Mangostan
1. Manga, arbre avec son fruit.
2. Accroissement et entement des Mangas
3. Mangostan, plante et arbre.
Fruts de l'Ile de Iava, etc.
Fig: 3
Fig: 2
Fig: 1
a Leide, Chez Pierre vander Aa.

Arbres des Indes.

1. Comment les Indiens construisent les Vaisseaux. 2. Vaisseau d'un seul arbre. 3. Canot de Pescheurs. 4. Jacht des Chinois. 5. Jacht royal qui à un Dragon pour enseigne. 6. Vaisseaux Marchands Siamois et Chinois. 7. Correcorre. 8. Bandees. 9. Jonk. vaisseau de guerre. 10. Jonkes de l'Ile des Larrons, 11. Jonken ouverts du Japon. 12. Phares sur les havres de la Chine.
1. Scheep bouw der Indianen. 2. Uyt een boom. 3. Visschers Canoe. 4. Chinees jacht. 5. Konings drake jacht. 6. Siamse en Cineese Koopvaerdy scheepen. 7. Correcorra. 8. Bandees. 9. Oorlogs jonk. 10. jonken van 't Dieven Eyland. 11. Japonse open jonken. 12. Bakens aen de Zeehavens van China.
Vaisseaux et Jachts de plaisir chez les Chinois, etc.
SCHEEPEN EN SPEELJACHTEN
à Leide, Chez Pierre vander Aa.

Plantes et Oiseaux des Indes.

Plantage de Poivriers.

1 Pecheur pese. 2 Balance. 3. Confessional. 4. Presens pour les Confesseurs. 5. Ceux qui coupent les cheveux et les vendeurs de fouets. 6. Faiseur de floquets de cheveu des Pecheurs. 7. Boutiques d'Indulgences. 8. Temple de cent Dieux. 9. Sacrifice d'enfans. 10. Bains des Abissins 11. Crenates. 12. Cellules des Hermites Penetentiaux. 13. Temple de Daimoaginis

1. Bysvans sondaer. 2. Balance. 3. Biechthuysjen. 4. Stof en Vee voer de biechters. 5. Hayr scheerders en geessel verkoopers. 6. Stronge vleesters van sondaers hayren. 7. Aflaet kraemen 8. Hondert goden tempel. 9. Kinder slachting. 10. Badhuysjone der Abyssinen. 11. Crenaten. 12. Cellen der boet eremiten. 13. Daimoaginus Tempel.

Absolution et Penitence des Prêtres
en Abissinie, etc.

AFLAET en BOET PAPEN

a Leide, chez Pierre vander Aa.

1. Caffé et maniere de la préparer. 2. Cocos et son usage. 3. Palmiers, Maisons, Mats, Vaisseaux, etc. 4. Thé. 5. Inaja.
6. Tamarin. 7. Uricuri, Giesara, Aira, Iraibe, Miriti. 8. Thé phikken. 9. Danilles. 10. Boisson de Chocolat.
1. Coffy of bereyding. 2. Cocos en gebruyk. 3. Palm boomen en huyson masten scheepen etc. 4. Thee. 5. Inaja.
6. Tamar. 7. Uricuri Giesara Aira Iraibe Miriti. 8. Teophikken. 9. Danillies. 10. Chokolat drank.
A. Arbre de la Laque. B. Ouvrages de Laque. C. Sceaux, ou Cachets. D. Papier. E. Feuilles de canne.
F. Faiseurs d'encre. G. Usage de l'encre. H. Pigeon porteur de lettres. I. Comment on boit le Thé.
A. Lakboom. B. Lakwerken. C. Seggels. D. Papier. E. Riet-bladen. F. Inktmakers. G. Inkgebruyk.
H. brief dragende duyf. I. Teedrinken.
LAKWERKEN en
Plantes et arbres des Indes Orientales
Ouvrages de cire, etc. dans la Chine

1 Source du Nil. 2. Pont flottant. 3. Lions privez. 4. Etoffes en balles. 5. Tentes de Chameau des Nôces. 6. Harnaches. 7.14 Pierres d'Autel. 8. Prêtres. 9. Empereur des Abissins. 10. Sa grande et Royale Tente. 11. Son Lit de repos et Throne. 12. Trompettes et Clairons. 13. Le Service divin. 14. Huttes et Tentes du Peuple. 15. Grotte où est le Thrésor de l'Empereur.

1. Oorsprong des Nyls. 2. Vlot bruggen. 3. Tamme leeuwen. 4. Stoffen in Balen. 5. Kemel Tenten der Bruloft. 6. Wapen rustingen 7. 13. Altaer steenen. 8. Priesters. 9. de Abyssinsche Vorst. 10. syn Koninglyke Groote tent. 11. Rust bedde en throon. 12. Trompetten en Klaroenen. 13. Gods dienst. 14. Hutten en Tenten van 't Volck. 15. Schat hol der Koningh.

Marche des Abissins.
ABYSSINEN OP TOGHT

a Leide Chez Pierre vander Aa.

1. Baptême des Abissins. 2. Baptême anniversaire du Roi. 3. Empereur des Abissins. 4. Baptême des Moscovites. 5. Éducation des Chinois et des Sauvages.
1. Abyssynsche doop. 2. Koninglyke Jaerdoop. 3. Abyssinsche Keyser. 4. Russen doop. 5. Opvoeding der Chinesen en Wilden.
Ceremonies du Baptême des Abissins, et Moscovites, etc.
DOOP CEREMONIEN

1. Montagne des enfans en Abissinie. 2. Autre ou est la prison. 3. Moine prisonnier. 4. Ambassadeur Portugais en danger. 5. L'Aga des Turcs. 6. Le Grand Seigneur. 7. Janissaires. 8. Spahis.
1. Abyssinse Kinder berg. 2. Gevangene berg. 3. Gevangen monnik. 4. Gevaer van de Portugeese Amb. 5. Turksen Aga. 6. Turksen Keyser. 7. Janitsaer. 8. Spahien.
Montagnes d'Abissinie, etc.
ABYSSINER BERGH

Festins et Magnificence des Chinois

Tribunal des Chinois.
CHINESE RECHTBANK.

Justice des Abissins.

à Leide Chris. Pierre vander Aa.

Leide, chez Pierre vander Aa.

Le dedans de la Mosquée de S. Sophie, à Constantinople.

à Leide, Chez Pierre vander Aa.

Magnificence de la Cour de l'Emp. de la Chine.

1. Tartares trainant les prisonniers cruellement. 2. Marché aux hommes. 3. Boite où l'on met les aumones. 4. Tour des Esclaves. 5. Chemin des Esclaves Chrétiens. 4. Leur miserable vie. 5. Punition aux pies.
6. Jetté à la Voirie. 7. Empalé. 8. Condamné aux Galeres. 9. Cruauté envers les Esclaves 10. Porteurs de bois. 11. Tiré à quatre quartiers par des Galeres.
1. Tartare voerende op alle wreede manieren. 2. Menschen marckt. 3. Almoes bus aen de Slaeven Toorn. 4. de Gevangene Christenen wech. 4. Hun miserable leven. 5. Straf aan de Voeten. 6. Voor de Vogels geworpen. 7. Gespaelt. 8. op de galeij. 9. strengheijt aen de Slaven. 10. Hout dragen. 11. met 4 galeijen van een getrukt.
Esclavage et Prison chés les Turcs.
Turkse SLAVERNY en GEVANKENIS
a Leide, Chés Pierre vander Aa.

1. Canon à trois bouches pour les rejouissances. 2. Gardes du Grand Chan. 3. Feux d'artifice de pot la Cour. 4. Toiles peintes avec des feux d'artifice attachées a des Lances. 5. Joueurs de feu. 6. Chateaux et Roues de feux d'artifice. 7. Maisons pour le Chan et sa Cour. 8. Feux d'Artifice en l'air.

1. Driedobbel vreugden tromp. 2. Wachten van den Chan. 3. Vyer werken op het buyten Hof: 4. Schilder doeken met Vyer werken aen Lancen. 5. Vyer schermers. 6. Kasteelen en Raderen van Vyer werck. 7. Huysen voor den Chan en syn Adel. 8. Luxt werken drucken Raketten etc.

1. Instrument de musique formé par un poupil de terre. 2. Orgues faites de roseau. 3. Orgue de bois. 4. Clavessin Chinois. 5. Tambours des Persans et des Turcs. 6. Timbales des Turcs. 7. Trompettes et autres instrumens des Persans. 8. Flutes d'os humains. 9. Musique par le moyen de l'eau. 10. avec des ... par Stevens et Joues de musique Chinoise.

1. Musik. instrument door Aerde beelden. 2. Orgels van Riet. 3. Orgels van Kout. 4. Chinese Clavecimbol. 5. Persiaense en Turckse Trommels. 6. Turkse Keeteltrom. 7. Trompetten en speeltuyg der Persianen. 8. Fluyten op menssen beenen. 9. Water konsten Musik. 10. Iavaensse beelden bewegt ... 11. Sineesse Musik. Tooren.

Feux d'artifices des Tartares.

MUSICK en SPEELTUYG INSTRUMENTEN
Instrumens de Musique de differens Peuples.
a Leide, Chez Pierre vander Aa.

Service Diabolique et Idolatres des Circassiens etc.

A Leide, Chez Pierre vander Aa.

1. Gouverneur à qui son fils a arraché les yeux. 2. Son fils. 3. Roi de Perse. 4. Degrez du Throne 5. Chancelier.
6. Juges Criminels. 7. Supplice par les pieds. 8. Boulanger frauduleux. 9. Cour de Perse.
1. A' gouverneur van syn Soon d'oogen uyt gesteoken. 2. syn Soon. 3. Persische Koning. 4. Trappen des
Throons. 5. Cancelier. 6. Bloetrechters. 7. Voet straffen. 8. Valsche Backer. 9. Persisch Hof.
Tribunal des Persans.
1. Hottentots femmes et hommes. 2. Habitans de la Guinée. 3. Ceux de Benin. 4. Toupinambous. 5. Caraibes.
6. Trionphe des Caraibes. 7. Phare et Corps-de-Garde contre leurs ennemis.
1. Hottentots Vrouwen en Mans. 2. Guineesse mevrouwen. 3. die van Benen. 4. Toupin Imbous. 5. Caribes.
6. Triomf der Karibes. 7. Uytkyck en wachthuys tegen haar Vyanden.
Hottentots et Habitans de la Guinee,
HOTTENTOTS en GUINEESCH
a Lns de, chez vander. A.

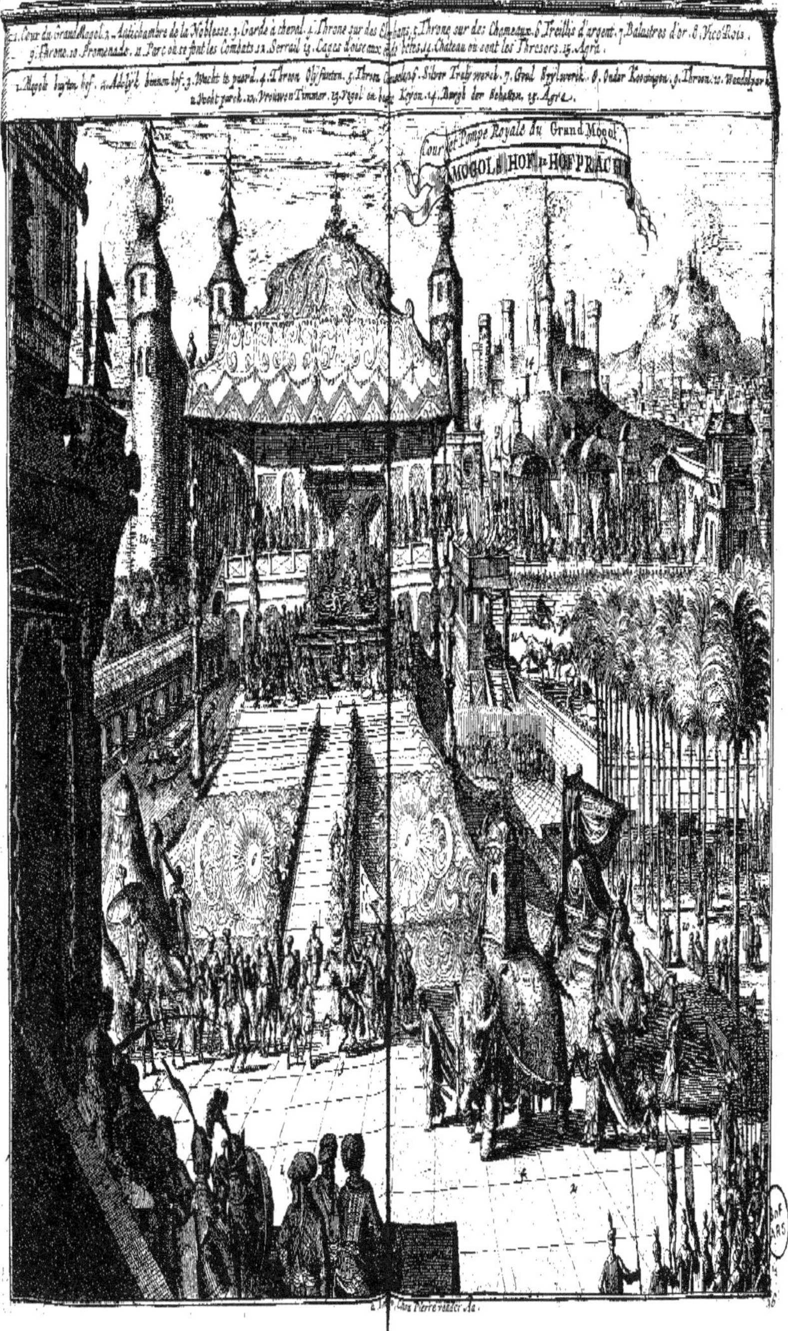

1. Cour du Grand Mogol. 2. Antichambre de la Noblesse. 3. Garde à cheval. 4. Throne sur des Elephans. 5. Throne sur des Chameaux. 6. Treillis d'argent. 7. Balustres d'or. 8. Vice Rois. 9. Throne. 10. Promenade. 11. Parc où se font les Combats. 12. Serrail. 13. Cages d'oiseaux et de bêtes. 14. Chateau où sont les Thresors. 15. Agra.
1. Mogols buyten hof. 2. Adelyk binnen hof. 3. Wacht te paard. 4. Throon Olyfanten. 5. Throon Cameelen. 6. Silver Traly werck. 7. Goud Bylwerck. 8. Onder Kooningen. 9. Throon. 10. Wandelpar. 11. Vecht parck. 12. Vrouwen Timmer. 13. Mogol en bey Keyon. 14. Burgh der Schatten. 15. Agra.
Cour et Pompe Royale du Grand Mogol.
MOGOLs HOF & HOFPRACHT

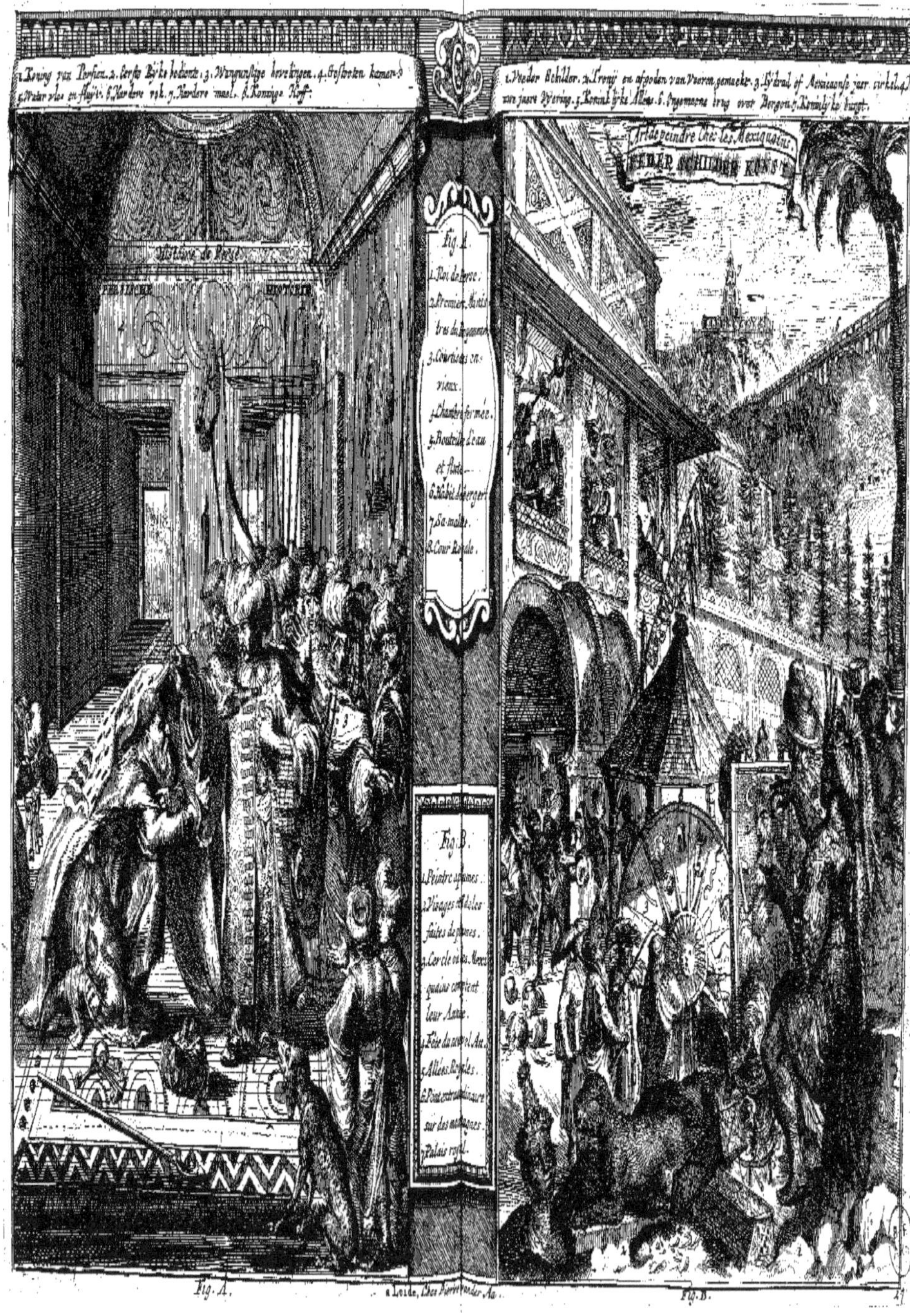

1. Koning van Persien. 2. Eerste Rijks bediente. 3. Wangunstige hovelingen. 4. Gesloten kamer. 5. Water vles en fluyt. 6. Harders vgk. 7. Harders mael. 8. Koninge Hoff.
1. Veeder Schilder. 2. Tronij en afgoden van Vaeren gemaekt. 3. Ty'drad of Mexicaanse jaer cirkel. 4. Nieu van jaere Vyering. 5. Koninklyke Alleus. 6. Ongemeene brug over Bergou. 7. Koninlyke burgt.
Fig. A.
1. Roi de Perse.
2. Premier Ministre du Royaume.
3. Courtisans envieux.
4. Chambre fermée.
5. Bouteille d'eau et flute.
6. Habit de berger.
7. Sa malle.
8. Cour Royale.
Il est de peindre Chez les Mexiquains.
VEDER SCHILDER KONST
Fig. B.
1. Peintre aplumes.
2. Visages d'Idoles faites de plumes.
3. Cercle ou les Mexiquains comptent leur Année.
4. Fête du nouvel An.
5. Allées Royales.
6. Pont extraordinaire sur des montagnes.
7. Palais royal.
Fig. A.
a Leide, Chez Pierre vander Aa.
Fig. B.

1. Mariage des Tupin Imbos. 2. Peruviens. 3. Epousee Persane. 4. Noces des Abissins. 5. des Moscovites. 6. des habitans de l'Indostan. 7. Ceremonies Chinoises. 8. Maison ca on fait le Festin des noces, et fête de l'eau.

1. Houwelyk der Tupin Imbos. 2. Peruvianen. 3. Persische Bruyt. 4. Abyssinsche Trouw. 5. Muscovise. 6. Indostanse. 7. Sineesse Ceremonien. 8. Sineesse Bruylofts huyssen en Kalver bruyloft.

Leide, Chez Pierre vander Aa.

1. Capitaine Smith. 2. Pouhatane. 3. Prêtres. 4. Bourreau. 5. Ceremonies en cercle envers un Prisonnier.
6. Roi de Virginie. 7. Ses Femmes. 8. Ses Gentilshommes.
1. Capt. Smith 2. Pouhatane. 3. Priesters. 4. Beule. 5. Ceremonie Cirekel. 6. Virginiaensche
Koning. 7. Sy'n Vrouwen. 8. sy'n Edelluijden.
Ceremonies de Virginie.
1. Le Roi. 2. et la Reine s'arosant l'un l'autre avec de l'eau. 3. Enfans du Roi. 4. Officiers d'Armée.
5. Elefans. 6. Char de Triomphe. 7. Gardes. 8. Fête d'eau. 9. Piramides des Nobles 10. Seconde Fête.
1. de Koning. 2. en Koningin malkanderen met water besproeyende. 3. Konings Kinderen. 4. Veld Officieren.
5. Olyfanten. 6. Triumf wagen. 7. Guarden. 8. Water feest. 9. Piramiden der Edelen. 10. Tweede feest.
Fêtes du Roi à Pegu.
KONINGS FEESTEN TE PEGU.

1. Carawansera, ou hôpitaux Turcs. 2. Comment on assomme les chameaux en Perse. 3. Figures pittoresques et diaboliques. 4. Amida. 5. Daemangi. 6. Tyran. 7. Toranga. 8. Pusso. 9. Temple de Kobugue.
10. Temple de richesses. 11. Pagodes de Pêcheurs et Tours de faux dieux. 12. Service divin des Chinois et Japonois.
1. Carwanstra. 2. Persise Kameel slachting. 3. Reusen en Duyvels beelden. 4. Amida. 5. Daemangi. 6. Tyran. 7. Toranga. 8. Pussa. 9. Kobugue tempel. 10. Ryckdoms tempel.
11. Vissers pagode en godan tooren. 12. Chineese en Japans godsdienst.
IAPANSE AFGODEN
Idoles des Japonnois.
Chez Pierre vander Aa.

1. Garde et Corps-de-garde des Japonnois. 2. Jeu d'Echecs. 3. Boisson de Thé. 4. Lanterne de la Garde. 5. Sentinelles. 6. Exercice à cheval. 7. Exercice à pied. 8. Chateau et Palais d'Iedo.
1. Wachter en Wacht huys van Iapan. 2. Schaek spel. 3. Thee drank. 4. Wacht Lantaern. 5. Schiltwachten. 6. Exercitien te paert. 7. Exercitien te voet. 8. Casteel en burgt van Iedo.
Corps-de-garde des Japonnois
...BANS WA... 'THUYS
1. Bateleur qui fait passer une corde par l'oeil et le nez. 2. Qui se laisse passer par une corbeille. 3. Chaines à travers du corps. 4. Qui se heurtent la tête. 5. Cheval dressé. 6. Danse de rats. 7. Qui se brule la cervelle. 8. Autres Bateleurs. 9. Arabe sur une colonne. 10. Course de deux chevaux. 11. Toutes sortes de Danseurs de corde.
1. Guygchelaer die Tou door t' Oog en neus haelt. 2. die in een Korf sich laet doorstreken. 3. Ketens door t' lyf. 4. Hardsbollen. 5. Afgericht paert. 6. Muysen dans. 7. Harssen brander. 8. Andre guygchelaers. 9. Araber op een Zuyl. 10. Dubbele paert-dans loopt. 11. Allerley' leerde danssers.
Bateleurs et Bouffons.
...YCHELAERS en BOOTSMACKERS

1. Mendians Japonnois. 2. Koribonse. 3. Lepreux. 4. Mangeur de fiente. 5. Se tuant et brulant soi même. 6. Comment se baignent les Bramines et Faquiers. 7. Martirs de feu. 8. Victimes humaines des Mexiquains. 9. Vitziaputzli et autres Divinitez. 10. Dervis Religieux Turc.

1. Japanse Bedelaars. 2. Koribonse. 3. Melaetse. 4. Drecketer. 5. Self-slachter en brander. 6. Bading der bramines en Faquiers. 7. Vuyr martelaer. 8. Domeänse... Menschen offer. 9. Vitziaputzli en andere Goden x. 10. Turkse Dervis.

Afbeeldingen en Slacht Papen Afgoden der Mexicaanen

Prêtres mendians et Sacrifians aux Divinitez des Mexiquains.

à Leide, Chez Pierre vander Aa

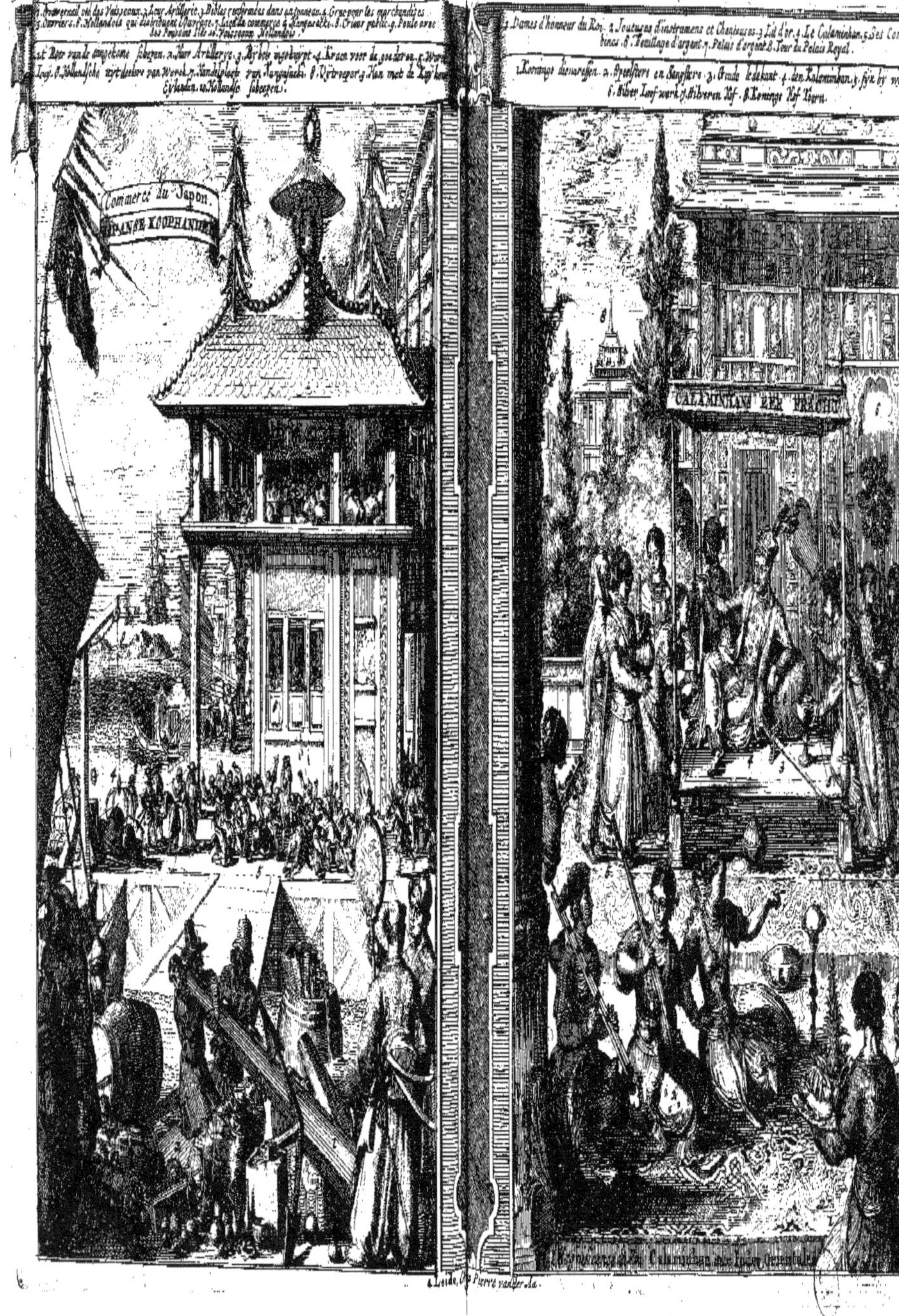

1. Arsenail ou des Vaisseaux. 2. Leur Artillerie. 3. Bibles renfermées dans un panneau. 4. Grue pour les marchandises. 5. Ouvriers. 6. 8. Hollandois qui distribuent l'Ouvrage. 7. Lieu du commerce à Nangasaki. 8. Crieur public. 9. Poule avec des Poussins Iles 10. Vaisseaux Hollandois.

1. Het Peer van de aangekome schepen. 2. Haer Artillerye. 3. Bybels ingeloopt. 4. Kraen voor de goederen. 5. 6. Werck-luyden. 8. Hollandsche uytdeelers van Werck. 7. Handelplaets van Nangasacki. 8. Uytroeper. 9. Han met de Kuyskens. Eylanden. 10. Hollandse schoepen.

1. Dames d'honneur du Roi. 2. Joueuses d'instrumens et Chanteuses. 3. Lit d'or. 4. Le Calaminhan. 5. Ses Concubines. 6. Treuillage d'argent. 7. Palais d'argent. 8. Tour du Palais Royal.

1. Koninge dienaressen. 2. Speelsters en Sangsters. 3. Goude lededant. 4. den Kalaminhan. 5. syn by wyven. 6. Silver Loof-werk. 7. Silveren Hof. 8. Koninge Hof Toorn.

1. Arbres epais avec des Chateaux de bois. 2. Arbres coupez par les Espagnols. 3. Alvarado. 4. Americains poussez dans un trou sur des pointes aigues. 5. Brulez et rotis. 6. Jettez aux oiseaux et aux chiens. 7. Marché de chair humaine. 8. Guatimala ravagé par l'eau et le feu.
1. Dikke boomen met bruče Casteelen. 2. Omgeworpen door de Spaenšen. 3. Alvarado. 4. Westindianen in Spits holen gedreeven. 5. Gebraakt en gebraden. 6. Aen de Vogels en honden vêr geworpen. 7. Markt van mensche Vleesch. 8. Guatimala door Water en Vyer Verwoest.
Spaenische Tyrannye in de Westindien
Tyrannie des Espagnols dans les Indes Occidentales
a Leide, Chez Pierre vander Aa.

à Leide chez Pieter vander Aa

1. Cosaque les Lionnas et des Soldaten. 2. Tartares Occidentaux et Coreens. 3. Gardes du Corps. 4. Envoyez Hollandois. 5. Introducteur d'Audience. 6. Garde des Nobles. 7. Throne. 8. Grands du Royaume beuvant du Thé. 9. l'Empereur.
1. Besoldung der Lamenas en Soldaten etc. 2. West Tartare en Coreanen. 3. Lyf wacht. 4. Neerlantsche Afgesanten. 5. Audientie maker. 6. Guarde van Edelen. 7. Throon. 8. Grooten van 't Ryk Thee drinkende. 9. de Keyser.
1. Viandes et apprest des Tapuyes. 2. Manieres et habits des Mangeurs d'hommes. 3. Comment ils cuisent, fument, etc. la chair humaine. 4. Comment se livrent ceux de Virginie. 5. Reception des Anglois. 6. Bresiliens Mangeurs d'hommes.
1. Tapuyers Kost en Bereyding. 2. Menschen eters manieren en Kleeding. 3. Kooking, rooking, etc. van menschen Vleesch. 4. Wassing der Virginiers. 5. Onthael der Engelsen. 6. Brasiliaensche Menschen eters.
Brasiliens, Tapuyes, etc.
Empereur des Tartares et sa magnificence.
L. Scherm, Chez Pierre vander Aa.

1. Canne à Sucre. 2. Coupe et choix. 3. Maniere de charier et d'attacher ensemble les cannes sur des chariots du Bresil. 4. Pressoir à Sucre. 5. Moulins à eau faisant aller les pressoirs. 6. Chaudieres couvertes et fourneaux pour secher le Sucre. 7. Pressoir que les boeufs font tourner. 8. Cannes à Sucre croissant sur les montagnes et dans des marais. 9. Affinage du Suc ou Maniere de le cuire et de le raffiner.

1. Suycker riet. 2. Afgesneden en Uytgeleesen. 3. Aenvoering en samenbinding der rieten op brasilise wagens. 4. Suycker persse. 5. Watermoolen om de persse te doen gaen. 6. Bedeckte ketels en fornuysen om te Droogen. 7. Pers riet ossen omgaende. 8. Suycker riet op de bergen en water lande wassende. 9. Suyvering van de sappen. 10. Kooking en verder suyveringh.

a Leide, Chez Pierre vander Aa.

1. Grand Commandeur de Malte Espagnol avec sa suite Ecclesiastique. 2 Mores comme des Pygmées portant d'une caverne. 3 Feyers et Cuisines. 4 Des Maits. 5 Abbreuvoirs pour le bétail. 6 Des Fours. 7 Ecuries. 8. Soupiraux. 9. entrée de la caverne.
2 Spaense groot Commandeur van Malta met syn geestlijk geselschap. 2. Mooren als pygmaea uyt het hol. 3. Vuyr en Kookplaetsen. 4 Back traggen. 5 Dronck backen voor 't vee. 6 Backovens. 7. Stallingen. 8. Lucht gaeten. 9. ingang van 't Hol.
Lieux souterrains à Malte.

1. Rochers jettés dans la mer. 2. Exhaloisons sulfurées montant de la mer. 3. Fâcheux accident arrivé à Kircher près Ville Franche. 4. Ruine de S. Euphemie
5. Séparation d'une montagne entr' ouverte près de Catane. 6. Torrens de feu et de cendre. 7. Le Mont Gibel ou Etna. 8. Nouvelles montagnes de cendres dans la mer.

1. Rotsen in Zeegesmeeten. 2. Vuur dampen uyt de Zee. 3. Ongeval van Kircherus. 4. Destructie van S. Stephenia. 5. Opgeborsten berg by Catanea. 6. Asch en
Vuer Vloden. 7. Strombol of Ethna. 8. nieuwe asch bergen in Zee.

Volcans et Ouragans dans la Sicile, etc.

BRANTBERGEN en TEMPEESTEN

à Leide, Chez Pierre vander Aa.

FIN.